Beurteilung der Qualität von Interfaces für Web-Anwendungen für Kinder

Entwicklung und Anwendung eines Scoring-Modells zur Beurteilung der Qualität von Webanwendungen für Kinder

Nick Wahrenberger

Bibliografische Information der Deutschen Nationalbibliothek:

Die Deutsche Nationalbibliothek verzeichnet diese Publikation in der Deutschen Nationalbibliografie; detaillierte bibliografische Daten sind im Internet über http://dnb.d-nb.de abrufbar.

ISBN: 9783346885166
Dieses Buch ist auch als E-Book erhältlich.

© GRIN Publishing GmbH
Trappentreustraße 1
80339 München

Druck und Bindung: Books on Demand GmbH, Norderstedt Germany
Gedruckt auf säurefreiem Papier aus verantwortungsvollen Quellen

Das Buch bei GRIN: https://www.grin.com/document/1362537

Assignment

Beurteilung der Qualität von Interfaces für Web-Anwendungen für Kinder

„Entwicklung und Anwendung eines Scoring-Modells zur Beurteilung der Qualität von Webanwendungen für Kinder"

Softwareengineering –Bachelor of Engineering

Inhaltsverzeichnis

Abbildungsverzeichnis

Tabellenverzeichnis

1 Einleitung

Mit der steigenden Digitalisierung und der Verfügbarkeit des Internets auch für Kinder, wächst das Angebot an Anwendungen welche Kinder als Zielgruppe adressieren, stetig weiter an. 2021 war die tägliche Internetnutzungsdauer von 77% der Kinder zwischen 6 und 9 Jahren über 15 Minuten. Bei 10-12-Jährigen nutzen bereits 84% das Internet über 15 Minuten täglich.[1]

1.1 Problemstellung

Als zentrale Problemstellung der vorliegenden Arbeit gilt es, ein Scoring-Modell zu entwickeln, welches die Qualität des Interfaces einer Webanwendung für Kinder beurteilt. Diese Scoring-Model soll methodisch entlang ausgewählter Bewertungskriterien entwickelt und an einer ausgewählten Webanwendung angewandt werden. Anschließend sollen die Ergebnisse der Analyse zusammengefasst und Optimierungsmöglichkeiten in ausgewählte Problembereiche skizziert werden.

1.2 Aufbau und Ziel

Der Aufbau dieser Arbeit teilt sich in 5 Teile auf. Mit der Vorstellung von nickelodeon, schließt die Einleitung ab. In Kapitel 2 soll ein Überblick über die Bewertungskriterien geschaffen werden. Anschließend wird in Kapitel 3 erläutert, welche Schritte zur Erstellung des Scoring-Models durchlaufen werden müssen. Kapitel 4 zeigt die Anwendung und Bewertung der ausgewählten Web-Anwendung mittels Scoring-Modell. Zusätzlich werden die Ergebnisse mittels SWOT Analyse skizziert und Optimierungsmöglichkeiten aufgezeigt. Abschließend erfolgt in Kapitel 5 eine Zusammenfassung und kritische Reflexion der gesamten Arbeit.

Ziel der Arbeit ist es, anhand der recherchierten Bewertungskriterien ein Scoring-Model zu erstellen und eine Web-Anwendung für Kinder zu bewerten. Das Ergebnis soll anschaulich zusammengefasst werden und Optimierungsmöglichkeiten ausgewählter Problembereiche skizziert werden.

---

[1] Vgl. Statistisches Bundesamt, 2022, Internetquelle

1.3 Vorstellung nickelodeon

Bei der zu bewertenden Webanwendung handelt es sich um den TV-Sender nickelodeon welcher neben seinem Fernseherauftritt noch diese Internetseite betreibt.

Abbildung 1: TV-Sender nickelodeon www.nick.de

Wie in der Abbildung zu sehen, werden mittels dieser Anwendung diverse Serien und Filme sowie das TV-Programm, Live TV und weitere Funktionen angeboten.

2 Interface Bewertungskriterien

Um geeignete Bewertungskriterien eines Interfaces auszuwählen und zu erläutern, soll der Begriff des Interfaces im Kontext der vorliegenden Arbeit zu Beginn erläutert werden.

Unter einem Interface, zu Deutsch Schnittstelle, versteht man im Kontext einer Webanwendung die Schnittstelle zwischen Mensch und Computer (Mensch-Computer-Interaktion, MCI). Bei einem guten Interface Design sollte dem Benutzer zur Bewältigung seiner Aufgabe erforderliche Funktionalität eines Werkzeugs auf ergonomische Weise zugänglich gemacht werden.[2]

Um die Interface Qualität, in dem zu entwickelnden Scoring-Modell zu bewerten, sollen nun nachfolgend unterschiedliche Bewertungskriterien erläutert werden. Die Kriterien sind in die drei Hauptkategorien Design, Navigation sowie Usability und User Experience gegliedert.

---

[2] Thesmann, 2016, S.2

2.1 Design

Medieneinsatz: Bei Anwendungen im Web kann das Interface dank HTML durch eingebundene Videos und verschiedenen Sounds erweitert werden. Somit wird nicht nur der Sehsinn, sondern auch der Hörsinn angesprochen. Dies führt dazu, dass Informationen besser behalten werden können oder die Interaktionen mit der Maschine unterstützt wird.[3]

Farbgestaltung: Die Umsetzung von geeigneter Farbgestaltung einer Benutzerschnittstelle macht nicht nur in der Hinsicht auf Anforderungen wie Corporate Identity Sinn. Bestimmte Farben erzeugen Emotionen bei dem Benutzer oder lösen bestimmte Zustände aus. So wird bspw. Rot als Gefahr und Grün als Sicher interpretiert. Hinzu kommt noch, dass besonders die Farbzusammensetzung einen Beitrag zur Stimmungslage des Benutzers leistet. Hierbei können unterschiedliche visuelle Aussagen indiziert werden wie bspw. Ruhe und Spannung oder auch Einfachheit und Komplexität.[4]

Typografie: Neben der Farbgestaltung ist auch die Typografie von digitalen Medien zu beachten. Je nach Zielgruppe kann es hierbei Sinn machen unterschiedliche Schriftarten zu verwenden um bei dem Benutzen einer Seite eine gewisse Atmosphäre zu schaffen in der er sich wohl fühl. Ebenfalls können verschiedene Schriftschnitte die Aussage der Schriftart verändern und verstärkt Aufmerksamkeit erzeugen. Unterstreichungen haben bspw. im Web eine besondere Bedeutung und weisen i.d.R. auf eine Verlinkung hin.[5]

2.2 Navigation

Strukturierung: Neben der strukturierten Aufteilung des Inhalts einer Anwendung ist auch eine sinnvolle Strukturierung der Navigation für ein erfolgreiches Interface von Bedeutung. Über eine gute Navigation sollte sehr einfach der Inhalt zugänglich sein. Hierfür eignen sich diverse mittlerweile schon Quasistandard Formen wie bspw. in der Abbildung 2 einzusehen. Hierbei sind sehr populäre Strukturen wie Icons-, Reiter- oder Karussellnavigationen abgebildet welche besonders für erfahrene WEB-Nutzer die Bedienung der Navigationsstruktur erleichtern.

---

[3] Vgl. Böhringer et. al., 2014, S.78
[4] Moritz, 2019, S.122
[5] Vgl. Thesmann, 2016, S.341

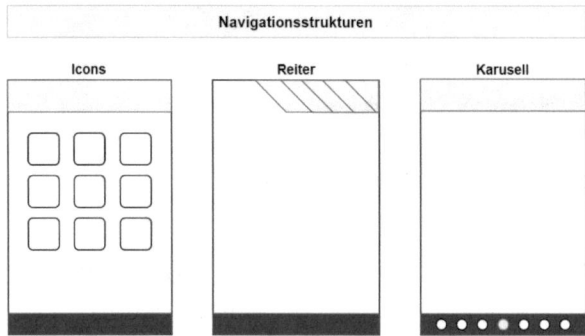

Abbildung 2: Navigationsstrukturen: Icons, Reiter, Karussell[6]

<u>Bedienung:</u> Bei stationären Systemen erfolgt die Bedienung meist per Maus und Tastatur. Im Vergleich hierzu gibt es bei mobilen Endgeräten, wenn überhaupt eine Taste, welche aber i.d.R. nicht für Interaktion bzw. die Bedienung einer Webanwendung verwendet werden kann. Die Bedienung beschränkt sich somit auf einen oder mehrere Finger direkt auf dem Touchscreen. Das Layout muss somit an die Ergonomie der Finger/Hand angepasst werden.[7]

2.3 Usability und User Experience

Entsprechend der ISO-Norm 9241-11 definiert sich Usability oder auch Gebrauchstauglichkeit als „das Ausmaß, in dem ein Produkt durch bestimmte Benutzer in einem bestimmten Nutzungskontext genutzt werden kann, um bestimmte Ziele effektiv, effizient und zufriedenstellend zu erreichen".[8] Als Maßstab sind hierbei die folgenden drei Aspekte von zentraler Bedeutung:

Effektivität: Die genaue und vollständige Zielerreichung des Benutzers.

Effizienz: Das Verhältnis des Aufwands eines Benutzers sein Ziel genau und vollständig zu erreichen.

Zufriedenstellung: Die Barrierefreiheit und positive Einstellung gegenüber der Nutzung des Produktes.

---

[6] In Anlehnung an Böhringer et. al., 2014, S.358
[7] Böhringer et. al., 2014, S.358
[8] Flückiger, Richter, 2016, S.21

4

Barrierefreiheit: Webanwendungen, welche von körperlich oder geistig behinderten Personen genutzt werden, werden auch als barrierefrei bezeichnet. Das Behindertengleichstellungsgesetz (BGG) definiert die Barrierefreiheit wie folgt: „Barrierefrei sind bauliche und sonstige Anlagen, Verkehrsmittel, technische Gebrauchsgegenstände, Systeme der Informationsverarbeitung, akustische und visuelle Informationsquellen und Kommunikationseinrichtungen sowie andere gestaltete Lebensbereiche, wenn sie für behinderte Menschen in der allgemein üblichen Weise, ohne besondere Erschwernis und grundsätzlich ohne fremde Hilfe zugänglich und nutzbar sind."[9] Zusätzlich können aber auch Barrieren in Form technisch bedingten Hindernissen, sowie dem Abbruch des Internets auftreten und sollten deshalb während der Entwicklung mit einbezogen werden.

Technischer Aspekt: Zu einem gutem Interface gehört eine entsprechend kurze Lade- bzw. Antwortzeit sowie ein störungsfreier Gebrauch der Anwendung. Außerdem sollten die Funktionalitäten entsprechend den aktuell populärsten Browser angepasst und aktualisiert werden um keine Ausfälle oder gar Störungen der Anwendung zu riskieren.

Responsivität: Um nicht nur stationäre Inhalte mit fixierten Auflösungen bedienen zu können, beschreibt der Begriff Responsivität im Kontext von Webanwendungen die Optimierung für Smartphones oder Tablets. Hierbei muss die Lauffähigkeit und Anpassungsfähigkeit der Anwendung auf unterschiedlichen Browser und diverse Auflösungen und Bildschirmformate anpassbar sein.[10]

User Experience:

Emotionen, Ästhetik, Witz und weitere Aspekte werden unter dem Konzept der User Experience (UX) adressiert und sollen anstelle des pragmatischen Ansatzes der Usability dem Nutzer eine großartige Erfahrung darbieten.[11] Für eine erfolgreiche Anwendung sind diese Aspekte von hoher Relevanz um nicht in der Masse an Angeboten im Internet unterzugehen, sondern sich ein Wiedererkennungsmerkmal zu schaffen.

---

[9] Vgl. Franz, 2015, S.26
[10] Vgl. Thesmann, 2016, S. 416
[11] Vgl. Flückiger, Richter, 2016, S.12

3 Entwickeln des Scoring-Modell

Für das Entwickeln eines geeigneten Scoring-Modells werden im Folgenden vier Schritte durchgeführt.

1. Sammlung der Bewertungskriterien:

Die Sammlung der relevanten Bewertungskriterien erfolgte bereits in Kapitel 2.

2. Gewichtung der Bewertungskriterien

Die gesammelten Bewertungskriterien werden entsprechen der subjektiven Wichtigkeit wie folgt gewichtet:

Kategorien	Bewertungsaspekte	Gewichtung Kategorie	Gewichtung Bewertungsaspekte
	Medieneinsatz		45%
Design	Farbgestaltung	22,5%	40%
	Typografie		15%
Navigation	Strukturierung	22,5%	40%
	Bedienung		60%
	Barrierefreiheit		30%
Usability	Technischer Aspekt	30%	35%
	Responsivität		35%
User Experience		25%	100%

Tabelle 1: Gewichtung der Bewertungskriterien

Der Bewertungsaspekt User Experience erhält als eigenständige Kategorie eine Gewichtung von 25% der Gesamtbewertung, da in der Hinsicht auf Kinder als Zielgruppe besonders Emotionen einen Starken Einfluss auf den Erfolg des Interfaces haben.

3. Festlegung der Bewertungsskala

Die Bewertungsskala orientiert sich entsprechend einer 5-stufigen Skala und soll damit eine Aussage über das Erfüllen der entsprechenden Anforderungsaspekte geben. Eine genaue

Beschreibung der Bewertungsskala und den einzelnen Punkten soll nachfolgend aufgeführt werden:

[10] Anforderungen sehr gut erfüllt

[7,5] Anforderungen gut erfüllt

[5] Anforderungen erfüllt

[2,5] Anforderungen nicht erfüllt

[0] Anforderungen überhaupt nicht erfüllt

4. Bewertung mittels Scoring-Models[12]

Die Bewertung der Anwendung soll in Kapitel 4 erfolgen.

4 Anwendung des Scoring-Modell

Kategorien	Bewertungs-aspekte	Gewichtung Kategorien	Gewichtung Bewertungs-aspekte	Bewertung Aspekte	Kategorie	Ergebnis
Design	Medieneinsatz	22,5%	45%	2,5	2,5	0,5625
	Farbgestaltung		40%	2,5		
	Typografie		15%	2,5		
Navigation	Strukturierung	22,5%	40%	5	3,5	0,7875
	Bedienung		60%	2,5		
Usability	Barrierefreiheit	30%	30%	2,5	5,125	1,5375
	Technischer Aspekt		35%	5		
	Responsivität		35%	7,5		
User Experience			25%		2,5	0,625
Gesamtbewertung			3,5125 von 10 Punkten			

Tabelle 2: Anwendung des Scoring-Modells auf nickelodeon.de

---

[12] Vgl. Kühnapfel, 2021, S.109

4.1 Ergebnisse der Analyse

Design

Medieneinsatz: Auf den Einsatz von Audio wurde bis auf den Inhalt komplett verzichtet. Es handelt sich hierbei um ein breites Spektrum an Videos, welche jedoch die einzig multimediale Quelle in der Anwendung darstellt.

Farbgestaltung: Bei dem Einsatz der Farben wurde sich auf eine kleine Farbpalette von Lila- und Orangetönen beschränkt. In manchen Bereichen der Navigation passen diese Farben nicht stimmig zusammen.

Typografie: Die Seite besteht lediglich aus ein paar Schlagwörtern in der Navigation und den Titeln der Serien, Filme oder Podcasts. Die Schlagwörter sind zudem relativ klein, was in der folgenden Abbildung deutlich zu sehen ist. Desweiterem werden die Schlagwörter beim Auswählen eines Menüpunkts durch das fettgedruckte selbst auf 100% der Seitengröße schwer lesbar (siehe ‚SERIEN' in der Abbildung).

| SERIEN | VIDEOS | TV PROGRAMM | LIVE TV | GEWINNSPIELE | PODCAST | NICKELODEON УКРАЇНА |

Abbildung 3: Menü - nickelodeon

Navigation

Strukturierung: Bezüglich der Strukturierung der Navigation wurde ein Top-Menü zusammen mit einem Off-Canvas-Menü verwendet. In der folgenden Abbildung ist dies rechts eingeklappt und links ausgeklappt einzusehen.

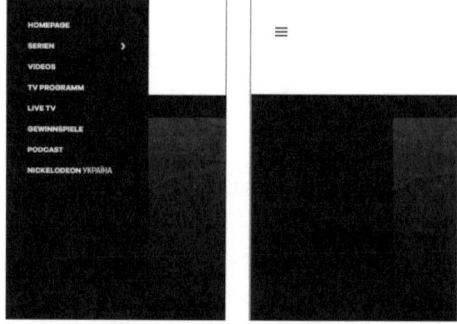

Abbildung 4: Navigationsstrukturvergleich: Off-Canvas aus- und eingeklappt

Besonders das Top-Menü wurde aufgrund der unvorteilhaften Dicke und unzureichender Größe negativ bewertet. Als Orientierung der Position, ist wie in der Abbildung 3 anhand des Punktes SERIEN zu sehen, dass lediglich ein kleiner Strich dafür verwendet wird. Positiv hat sich auf die Bewertung die Ansicht auf einem mobilen Endgerät ausgewirkt. Hierbei ist das Top-Menü nicht vorhanden und die Schlagwörter auf dem Off-Canvas haben eine deutlich größere Darstellung.

Bedienung: Die Bedienung der Navigation ist für Kinder in der stationären Ansicht nicht geeignet. Die Menüpunkte bestehen lediglich aus Schlagwörtern ohne jegliche Hilfsfunktionalität bspw. in Form von Icons. Auch die Handhabung des Off-Canvas erweist sich als unkomfortabel, da sofern die Maus das Menü verlässt, dies schlagartig wieder zufährt. Als positiver erweist sich die Bedienung in der mobilen Ansicht. Hier ist das Menü weitestgehend einfach zu bedienen. Jedoch besteht auch hier das gesamte Menü nur aus Schlagwörter.

Usability

Barrierefreiheit: Die Seite weist keine Unterstützung für eingeschränkte Personen auf. Mittels Screen-Reader wird lediglich ein Text am Ende der Seite vorgelesen. Das Menü wird nicht automatisch erkannt und die Bilder auf der Seite besitzen zwar ein Titelbereich, allerdings keinen Eintrag im *alt*-Feld des img HTML Tag, wodurch diese korrekt beschrieben werden könnten.

Technischer Aspekt: Die durchschnittliche Ladezeit der Seite liegt zwischen 1,6 und 2 Sekunden und ist somit für Kinder noch im akzeptablen Bereich, sofern man die Tatsache beachtet, dass sehr viele Bilder geladen werden.

Responsivität: Die Seite bietet auf den gängigsten Browsern: mobile Safari, Edge, Firefox und Chrome voll Funktionalität. Auch in der mobilen Ansicht passt sich der Inhalt der Ausrichtung und Auflösung korrekt an. Abzug gibt hierbei ein Fehler beim Drehen des mobilen Endgeräts, wodurch nur ein lila Hintergrund angezeigt wird und man die Seite neu laden muss.

User Experience

Für den Bereich der User Experience kann die Seite keine expliziten Erfahrungen in Form von positiven Emotionen, Witz oder Ästhetik verzeichnen. Als Referenz wurde hierbei die Seite mit der Maus (https://www.wdrmaus.de/) herangezogen, welche im Vergleich zu nickelodeon diverse kinderfreundliche Interaktionen und Erfahrungen bietet.

Für eine bessere Übersicht sollen die Ergebnisse noch mittels SWOT Analyse dargestellt werden.

SWOT Analyse des Interfaces von nick.de	
Stärken (Strengths)	**Schwächen (Weaknesses)**
Gute Responsivität	Wenig Medieneinsatz
	Kleine Schriftart (stationär)
	Unvorteilhafte Navigationsstruktur für Kinder
	Keine Hilfsfunktionalität für Kinder
	Kaum vorhandene Barrierefreiheit
Chancen (Opportunities)	**Risiken (Threats)**
Durch eine Überarbeitung der Navigation könnte mittels größere Schriftart und Hilfsfunktionalitäten wie eine Suche die Bedienung und Benutzerfreundlichkeit verbessert werden.	Die Zielgruppe Kinder wird nicht gut genug unterstützt, wodurch der Erfolg der Seite negativ beeinflusst werden kann.

Tabelle 3: SWOT Analyse des Interfaces von nick.de

4.2 Optimierungsmöglichkeiten

Die wohl größte Schwachstelle der Anwendung ist die Navigation. Nachfolgend soll entlang zweier Abbildungen von der Seite mit der Maus aufgezeigt werden, welche Optimierungsmöglichkeiten verwendet werden könnten, um das Angebot der Anwendung mehr auf die Zielgruppe Kinder anzupassen.

Abbildung 5: Top-Menü der Seite mit der Maus - https://www.wdrmaus.de

In der Abbildung sind die Menüpunkte mit entsprechenden Bildern, welche den Text erläutern, dargestellt. So trägt bspw. ganz links im Bild die Maus Kopfhörer um darzustellen, dass man hierbei zu einem Bereich navigieren kann, der *zum Hören* ist. Somit können selbst Kinder, welche nicht gut lesen können, trotzdem auf die Menüpunkte reagieren und korrekt durch die Anwendung navigieren. Nach dem gleichen Prinzip könnte auch nickelodeon Charaktere mit gutem Wiedererkennungsmerkmal einsetzten, um die einzelnen Menüpunkte mit Bildsprache zu verbessern. So könnte das Schlagwort Podcast mit einem Charakter mit Mikrofon, TV-Programm mit einer Zeitschrift und Serien oder Videos bspw. mit einem Charakter vor dem Fernseher optimiert werden.

Eine weitere Optimierungsmöglichkeit im Bereich der Bedienungsfreundlichkeit ist in der untenstehenden Abbildung entsprechend den roten Rahmen zu entnehmen.

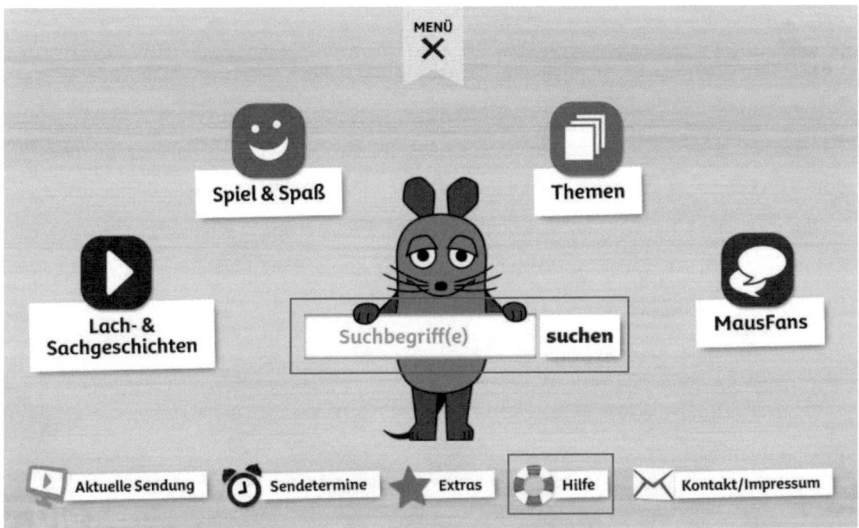

Abbildung 6: Off-Canvas Menü der Seite mit der Maus - https://www.wdrmaus.de

Es handelt sich hierbei um eine Suchfunktion und eine gut gekennzeichnete Hilfeschaltfläche worüber regelmäßig gestellt Fragen schnell geklärt werden könnten.

5 Zusammenfassung und kritische Reflexion

Das Ziel dieser Arbeit war es, ein Scoring-Modell methodisch auszuarbeiten und dies anschließend an einer Web-Anwendung anzuwenden. Zu Beginn wurden in Kapitel 2 die dafür benötigten Bewertungskriterien recherchiert und erläutert. Nach dem Festlegen der Kriterien zeigte Kapitel 3 die Vorgehensweise auf, um ein Scoring-Modell in vier Schritten zu erstellen. Die anschließende Bewertung erfolgte auf Basis einer Nutzwertanalyse. Zusätzlich wurden mittels SWOT Analyse Problembereiche herausgestellt und anschließend an zwei Beispielen Optimierungsmöglichkeiten aufgezeigt.

Durch eine kritische Reflexion dieser Arbeit sollen nun Schwächen bzw. Verbesserungsmöglichkeiten aufgezeigt werden. Zwar ermöglicht das Scoring-Modell eine systematische Bewertung den Web-Anwendung, jedoch schließt die Festlegung der Bewertungskriterien nicht alle möglichen Aspekte einer Bewertung mit ein. Hinzu kommt noch, dass die Vergabe der Gewichtung sowie die Bewertung subjektiv erfolgte was je nach Interpretation der Anwendung auch anders ausfallen könnte. Hierbei wäre eine Bewertung durch Testpersonen bzw. Kinder, besonders unter dem Aspekt der User Experience, sehr wertvoll und aufschlussreich. Hiervon wurde allerdings aus Gründen des zeitlich und inhaltlichen Umfangs abgesehen. Als weiterer Punkt wäre noch die Auswertung der Barrierefreiheit anzubringen, welche durch bspw. spezialisierte Auswertungen per Web-Anwendung eine objektive Aussage liefern könnte.

Literaturverzeichnis

Böhringer, Joachim, **Bühler**, Peter, **Schlaich**, Patrick, **Sinner**, Dominik: Kompendium der Mediengestaltung IV. Medienproduktion Digital, 6., vollständig überarbeitete und erweiterte Auflage, Berlin Heidelberg, 2014

Flückiger, Markus, **Richter**, Michael: Usability und UX kompakt Produkt für Menschen, 4. Auflagen, Berling Heidelberg, 2016

Kühnapfel, Jörg: Scoring und Nutzwertanalysen *Ein Leitfaden für die Praxis*, Wiesbaden, 2021

Moritz, Thomas: Screenografie kompakt *Der immersive Bildraum grafischer Benutzeroberflächen*, Wiesbaden, 2019

Statistisches Bundesamt (2022): Internetnutzungsdauer von Kindern und Jugendlichen pro Tag nach Altersgruppen in Deutschland im Jahr 2021, zitiert nach de.statista.com, https://de-statista-com.gw.akad-d.de/statistik/daten/studie/298152/umfrage/internetnutzungsdauer-von-kindern-und-jugendlichen-in-deutschland/ (Zugriff am 28.08.2022)

Thesmann, Stephan: Interface Design *Usability, User Experience und Accessibility im Web gestalten*, 2., aktualisierte und erweiterte Auflage, Wiesbaden, 2016

BEI GRIN MACHT SICH IHR WISSEN BEZAHLT

- Wir veröffentlichen Ihre Hausarbeit,
  Bachelor- und Masterarbeit

- Ihr eigenes eBook und Buch -
  weltweit in allen wichtigen Shops

- Verdienen Sie an jedem Verkauf

Jetzt bei www.GRIN.com hochladen und kostenlos publizieren